Elizabeth Clare Prophet

Botschaften aus der Engelwelt - Erzengel Zadkiel

Botschaften aus der Engelwelt

# ERZENGEL ZADKIEL

*Das Lichtwesen der violetten Flamme*

Elizabeth Clare Prophet

Aus dem Amerikanischen von Andrea Fischer

SILBERSCHNUR VERLAG

Originaltitel: How Angels help you to create Miracles in your Life
*by Elizabeth Clare Prophet*

Summit University Press, 63 Summit Way, Gardiner, Montana 59030 U.S.A.
Tel: +1-406-848-9500 · Fax: +1-406-848-9555
www.SummitUniversityPress.com · E-Mail: Info@SummitUniversityPress.com



ISBN: 987-3-89845-274-8

1. Auflage 2009 2. Auflage 2012 3. Auflage 2024

Übersetzung: Andrea Fischer
Gestaltung & Satz: XPresentation, Güllesheim
Druck: Grafoprint, Gornji Milanovac
Papier: FSC zertifiziert, MIX-Papier aus verantwortungsvollen Quellen

Verlag "Die Silberschnur" GmbH · Steinstr. 1 · D-56593 Güllesheim
www.silberschnur.de · E-Mail: info@silberschnur.de

# *Inhaltsverzeichnis*

Abbildungen:

# Einführung

Dieses Büchlein ist Teil einer Serie von Vorträgen, die Elizabeth Clare Prophet unter dem Titel “Arbeiten mit den sieben Erzengeln – unsere geistigen Führer, Schutzengel und Freunde” verfasst hat.

In diesem Werk werden Sie insbesondere viel über Erzengel Zadkiel erfahren sowie darüber, wie Sie mit Hilfe der Engel in Ihrem Leben Wunder vollbringen können.

# *So helfen Ihnen die Engel, Wunder in Ihrem Leben zu vollbringen*

Gestern Abend haben wir uns in einer Stimmung großer Freude versammelt, wie Erzengel Gabriel und die Hoffnung sie ausstrahlen. Heute setzen wir diese Freude im Zeichen der violetten Flamme fort. Die violette Flamme ist die Flamme des siebten Strahls, und der siebte Strahl wiederum ist der Strahl des Wassermannzeitalters. Die violette Flamme steht demnach mit Ihrem Sitz-der-Seele-Chakra in Resonanz.

Wir wollen nun den "Chakra-Menschen" betrachten, der mit all seinen Chakren in der violetten Flamme steht. Es handelt sich um eine Abbildung Ihrer Person und um ein Idealbild davon, wie Sie sein können, wenn Sie die violette Flamme jeden Tag Ihres Lebens anrufen, und sei es nur für eine Viertelstunde. Reservieren Sie von den 24 Stunden des Tages einfach 15 Minuten, und nutzen Sie diese, um die violette Flamme anzurufen - Sie werden den Unterschied spüren. Sie werden die Leichtigkeit spüren. Sie werden die ewige Jugend erfahren, die Saint Germain zu seiner Zeit als "Wundermann Europas" erfuhr.*

Samstag ist der Tag, an dem diese Flamme auf Erden am stärksten wirkt. Dies ist der Tag des siebten Strahls, an dem wir diesen feiern, in ihm schwelgen, ihn anrufen und ihn auf alle Situationen rund um den Planeten richten, wo er Not tut. Das vierte Lichtband des Kausalkörpers ist im Übrigen das violette.

Erzengel Zadkiel ist der Erzengel des siebten Strahls. Sein weibliches Gegenstück ist die geliebte heilige Amethyst. Das Wirken beider steht mit dem Sitz-der-Seele-Chakra in Resonanz. Dieses Chakra ist der Punkt in Ihnen, an dem Sie Frieden mit Gott schließen, Ihre psychischen Probleme lösen und Ihre Seele zur Ganzheit führen müssen, so dass die Seele sich mit ihrem Herrn, ihrem Erlöser, dem lebendigen Christusselbst, dem Heiligen Christusselbst, verbinden kann.

---

* *Informationen zum "Wundermann Europas" finden Sie in Mark L. und Elizabeth Clare Prophets: "St. Germain - Alchemie: Die geheimen Formeln für inneren und äußeren Reichtum", Ansata 2009.*

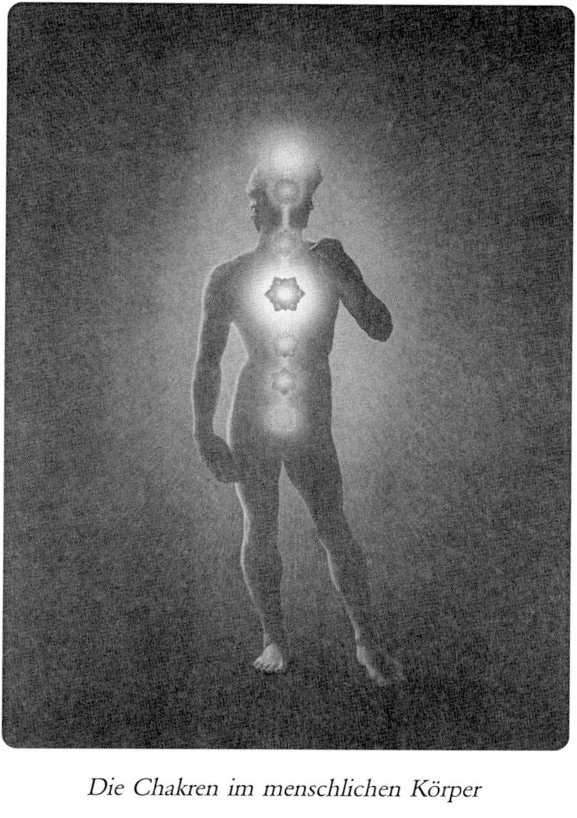

*Die Chakren im menschlichen Körper*

# *Das Sitz-der-Seele-Chakra*

Das Sitz-der-Seele-Chakra* ist sechsblättrig, und sein Sanskritname lautet "Svadhishthana Chakra". Dort suchen wir nach der violetten Flamme, dem Sitz der Seele. Dort wohnt die Seele. Die Bestimmung der Seele ist es, spiralförmig die Wendeltreppe nach oben zu steigen, um bei der Kammer des Herzens anzukommen, dem Sitz Ihres Heiligen Christusselbst. Es ist der Kelch des höchsten Lichts in Ihrem Tempel, wenn Sie es zulassen.

Das Sitz-der-Seele-Chakra zwischen dem Solarplexus- und dem Wurzelchakra ist die Stelle, an der bei Ihnen die vielen, unzähligen Schichten Ihres Karmas gespeichert sind. Um den Punkt der persönlichen Christusschaft und der alchemistischen Vereinigung mit dem Christus zu erreichen, müssen Sie dieses Karma ausgleichen. Saint Germain hat uns das Geschenk der violetten Flamme gemacht, so dass wir diese Flamme anrufen, das Karma ausgleichen, die Wiedervereinigung mit

** Siehe hierzu das Buch "Chakren – deine sieben Energiezentren"; erschienen im Silberschnur Verlag 2005.*

Das Sitz-der-Seele-Chakra

unserem Höheren Selbst erreichen und für jeden auf Erden von größtem Nutzen sein können, weil wir die violette Flamme in uns tragen.

## *Erzengel Zadkiel*

Ich möchte Ihnen nun etwas über den Erzengel und die Erzengelin* der violetten Flamme und des siebten Strahls erzählen. Der Erzengel heißt Zadkiel, wobei dies "Rechtschaffenheit Gottes" bedeutet, und das Wort "Rechtschaffenheit" meint "die korrekte Umsetzung des Gesetzes". Zadkiel lehrt uns also die richtige Anwendung des Gesetzes Gottes auf dem siebten Strahl der Freiheit, der Gerechtigkeit, der Alchemie, der Verwandlung usw. Zadkiel ist zudem als Engel der Güte und der Nächstenliebe, der Gnade und der Erinnerung bekannt.

---

** Eine Erzengelin ist das göttliche Gegenstück und die Zwillingsflamme (weiblicher Gegenpol) eines Erzengels.*

Erzengel Zadkiel und die heilige Amethyst

Die sieben Erzengel, die ich Ihnen vorstelle, haben eine lange, traditionsreiche Geschichte. Man kann über sie in vielen alten Texten und Büchern zum Thema Engel nachlesen. Es handelt sich demnach nicht um Engel, die erst kürzlich zu uns gekommen sind. Wir sind vielmehr diejenigen, die erst vor kurzem gekommen sind, doch die Erzengel sind schon seit Hunderttausenden von Jahren hier.

Das "Zohar", das Hauptwerk der Kabbala, beschreibt Zadkiel als einen der Anführer, der Erzengel Michael im Kampf als sein Fahnenträger beisteht. In einigen Überlieferungen war Zadkiel der Engel, der Abrahams Hand zurückhielt, als dieser gerade seinen Sohn Isaak opfern wollte.

Wir wollen nun einmal betrachten, wie der jüdische Mystizismus Zadkiel sieht. In einem bestimmten System der Kabbala heißt es, dass Zadkiel den vierten Sefirah verkörpert (göttliche oder heilige Emanation Gottes), Hesed. Hesed ist "Liebe", "Gnade" oder "liebevolle Güte".

Es findet auf Erden immer noch ein Krieg zwischen den Engeln Gottes und den gefallenen Engeln statt, die im großen Krieg gegen Luzifer aus dem Himmel auf die Erde verstoßen wurden. Daher gibt

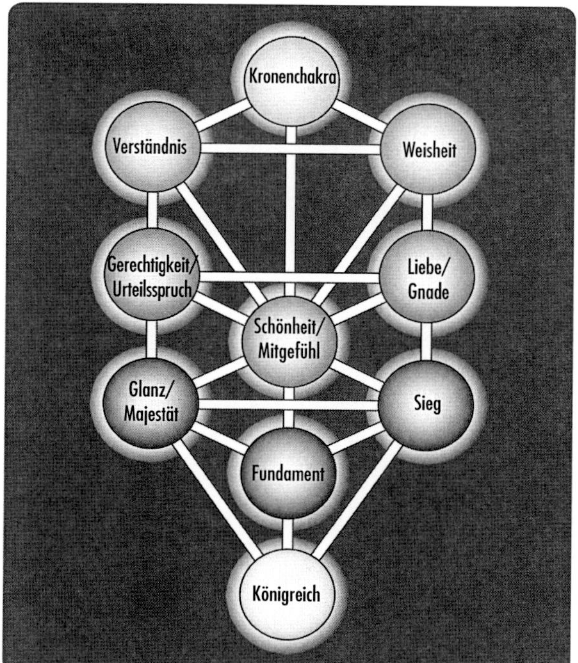


*Der Baum des Lebens der Kabbala*

sich der Betrüger "Gamchicoth" auf Erden in einer gefälschten Hierarchie als Zadkiel aus. "Gamchicoth" bedeutet "die Krummen" oder "die Buckligen", krumm oder bucklig, auf alle Fälle am Gesetz vorbei. Sie kommen nicht der Gerechtigkeit Gottes nach. Der Erzteufel, der als Gegenspieler zu Zadkiel fungiert, ist Astaroth, auch "Ashtaroth" geschrieben. Das bedeutet "Herde", "Menge" oder "Versammlungen".

Wir erkennen in der Verdrehung des Gesetzes Gottes auf dem siebten Strahl die Perversion der göttlichen Musik auf Erden. Wenn wir die beiden Puzzleteilchen, nämlich all die "Krummen oder Buckligen", also diejenigen, die das Gesetz der Musik missbrauchen, und die "Herden, Mengen und Versammlungen" aneinanderfügen, erkennen wir die großen Musikkonzerte und Auftritte, bei welchen oft Chaos herrscht, ein Absenken des heiligen Feuers auf dem Altar der Wirbelsäule stattfindet und das Licht aus den Chakren abgezogen wird. Es gibt also satanischen Rock und alle möglichen Formen von buchstäblich tödlichem Rock, wo bestimmte Liedzeilen als "Subliminals" zu Selbstmord und Selbstvernichtung unbemerkt eingestreut wurden.

Bedenken wir dann, dass Musik die Kraft Gottes ist, die er bei seiner Schöpfung einsetzt. Wenn es also Musik gibt, die die Verdrehung der wahren Musik der Elohim Gottes ist, können eben jene Musik und jener Rhythmus zur Zerstörung der Seele, zur Zerstörung des Körpers und zur Zerstörung von Kontinenten, ja zum Sinken von Kontinenten beitragen. Der Missbrauch der Kraft des Klanges legte den Grundstein für den Niedergang der Kontinente von Atlantis und Lemurien und die schwere Last des Karmas der Menschheit. Wir sollten also nicht glauben, dass Rockmusik generell harmlos ist. Sie ist es nicht. Außerdem stellen wir fest, dass eine aggressive Generation wild entschlossen ist, Rockmusik einzusetzen, um unsere Kinder die Wendeltreppe hinab- anstatt hinaufzuführen.

Die heilige Amethyst, Zadkiels göttliches Gegenstück, war einer der Engel, der Jesus im Garten Gethsemane diente. In einem sehr bewegenden Diktat, das von Jesus Christus über meinen nun verstorbenen Mann, Mark Prophet, durchgegeben wurde, sprach Jesus über seine Jugend und den

Moment, als er die heilige Amethyst zum ersten Mal erblickte und diese ihm diente.

Wir wissen, dass Jesus während seiner Zeit auf Erden seinen ihm am nahestehensten Jünger, Johannes, höchstpersönlich in die Lehre von der violetten Flamme eingeweiht hat. Bis zum Beginn dieses Jahrhunderts zählte die Lehre von der violetten Flamme jedoch nicht zum Allgemeingut. Nun, da sie öffentlich bekannt ist, können wir die Lehren in der Welt verbreiten, und jedermann kann sie nutzen. Nun können Sie sich einfach hinsetzen, ein Büchlein zur Hand nehmen und lernen, wie man die violette Flamme anruft, damit sie Sie und Ihre Seele für immer verwandelt.

Zadkiels Rückzugsort wird "Tempel der Reinigung" genannt. Wie Sie vielleicht bereits wissen, haben die Erzengel und andere himmlische Wesen Rückzugsorte in der Himmelswelt, geistige Universitäten. Manche unter Ihnen sind heute hier, weil Sie dort während der Stunden Ihres Schlafes studiert haben. Ihre Engel haben Sie in jene Lichtreiche und goldenen Lichtstädte gebracht, und dort haben Sie die verloren gegangenen Lehren Jesu und die des Gautama sowie all der anderen großen Avatare studiert. So haben Sie den Weg zu diesem Ort hier gefunden, um nun mit der äußeren geistigen Wahrnehmung und dem vollen Wachbewusstsein zu wiederholen, was Sie bereits nachts im Schlaf gelernt haben.

Es ist wundervoll, Sie zu begrüßen, denn jeder Einzelne von Ihnen trägt den Christus in seinem Herzen. Sie alle sind Christusträger. Jenes Höhere Selbst ist das ewig währende Licht des eingeborenen Sohnes Gottes. Jeder von uns trägt diesen Funken. Wir wissen, dass Jesus Christus der Retter der Welt ist, aber wissen Sie auch, dass der Christus in Ihnen auch ein Teil seiner Mission ist, und dass Sie durch ihn dazu beitragen können, Seelen zu Gott nach Hause zu bringen?

Daher kann ein einzelner Gechristeter, ein Gesalbter (das ist die Bedeutung des Wortes "Christus"), auf diesem Planeten Erde alles verändern, denn der Christus in uns verändert alles, nicht wir selbst im menschlichen Sinne des Wortes. Daher ist es auch so wundervoll, hinauszugehen und zu spüren, wie die Herzen sich entflammen und jene verlorene Erinnerung sich wieder einstellt, an die Zeit, als auch Sie imstande waren, den Tempel von Zadkiel und der heiligen Amethyst zu besuchen, als dieser sich noch in der physischen Oktave befand. Er befand sich in etwa dort, wo heute Kuba ist. Heute existiert er nur noch in der ätherischen Oktave. Sie haben jedoch jenen Tempel auf physischer Ebene besucht, als Sie in Atlantis lebten.

An seinem Rückzugsort bereitet Erzengel Zadkiel Kinder Gottes darauf vor, Priesterinnen und Priester des Ordens von Melchizedek zu werden. Dieser wird in der Bibel elf Mal erwähnt, und wir erleben, wie er Abraham begegnet, und Abraham zahlt ihm einen Zehnt der Kriegsbeute. Weiter hören wir in jenem mystischen Buch der Hebräer, dass Jesus Christus selbst ein Priester des Ordens von Melchizedek ist. Da es sich dabei um eine ganz persönliche, heilige Initiation handelt, scheint mir, dass entweder Jesus Christus oder aber sein engster Jünger, Johannes, dieses Buch geschrieben oder aber zumindest inspiriert haben muss. Denn wer sonst hätte wissen können, dass Jesus diese Initiation im "Tempel der Reinigung" durchlaufen hat? Das tat übrigens auch Saint Germain. Zadkiel war der Erzengel, der ihnen in jenem Tempel die Initiation erteilt hat.

Es ist schlichtweg ehrfurchtgebietend, wenn man mit ansehen darf, wie ihnen im Vollzug dieses Rituals, das Teil der Aufzeichnungen ist, die wir heute noch lesen können, die Robe umgelegt wird. Uns wird berichtet, dass die großen Avatare, wie etwa Jesus Christus und Saint Germain, immer selbst demütig darum bitten, in die Rückzugsorte gebracht zu werden und die allerersten Schritte auf dem großen Pfad gezeigt zu bekommen, so dass sie all die Fußstapfen ganz ausfüllen können. Wir wiederum können dann, in ihre Fußstapfen tretend, ihnen folgen.

## *Saint Germain*

Saint Germain ist gemeinsam mit seiner Zwillingsflamme, unserer geliebten Portia, der Hierarch des Wassermannzeitalters, in das wir gerade eintreten und das 2.150 Jahre dauern wird. Er war vor 50.000 Jahren der Regent der Zivilisation eines Goldenen Zeitalters im Gebiet der heutigen Wüste Sahara. Vor 13.000 Jahren war er Hohepriester auf

Atlantis, und im elften Jahrhundert vor Christus war er der Prophet Samuel in Israel. Er war der heilige Josef, der Mann von Maria und der Vater Jesu. Im späten dritten bzw. Anfang des vierten Jahrhunderts war er der heilige Alban, der erste Märtyrer von England. Von 410 bis 485 n. Chr. war er der Lehrer von Proclus in Athen, und im fünften oder sechsten Jahrhundert war er Merlin am Hofe König Arthurs in Großbritannien. Von 1220 bis 1292 inkarnierte er in England als Roger Bacon, von 1451 bis 1506 als Christoph Columbus in Genua/Italien. Schließlich war er von 1561 bis 1626 Francis Bacon in England. Dann zog er als der große Meister, der "Wundermann Europas", im 18. und 19. Jahrhundert weiter durch Europa.

Wir wissen, dass er dem siebten Strahl angehört. Ich stelle ihn Ihnen heute vor, weil Sie erfahren sollten, dass Saint Germain es ist, der uns unterstützt und die Verantwortung dafür übernommen hat, dass wir die violette Flamme benutzen. Außerdem trägt er das Karma, wenn wir die violette Flamme missbrauchen.

Zadkiel, die heilige Amethyst und ihre Engel der Reinigung und Freude sind aus einem einzigen Grund hier: um sicherzustellen, dass wir unsere individuelle Freiheit mit persönlicher Verantwortung leben können. Zadkiel sagt: "Freiheit bedeutet letztendlich Zugang zu den Lichtspeichern, zum Geist Gottes". Wenn Sie wirklich frei sind, weil Sie die Verantwortung für Ihre Handlungen, Gedanken, Gefühle und für Ihr gesamtes Leben übernommen haben, gewährt Gott Ihnen Zugang zu den höheren Ebenen und zu Lichtspeichern, die Sie im Dienste der Menschheit einsetzen können. "In der völligen Freiheit Gottes ... wird Ihnen nichts im Kosmos oder in Gott vorenthalten." Der Schlüssel, mit dem Sie diese Freiheit finden, so sagt Zadkiel, ist die violette Flamme der Verwandlung.

## Die violette Flamme – und wie sie funktioniert

Was ist die violette Flamme, und wie funktioniert sie? Erzengel Zadkiel hat dies erklärt, als er Mark Prophet ein Diktat erteilte und ihn mit dem Heiligen Geist erfüllte. Er sagte: "Wenn die

Welt heute imstande wäre, die violette Flamme der Verwandlung anzunehmen, würden die meisten Probleme, die die Menschheit quälen, sprichwörtlich einfach dahinschmelzen."

In einem anderen Diktat sagte Zadkiel: "Wie kann die Menschheit, die sich durch die menschlichen Ausdünstungen und durch Nippes bewegt, erwarten, ihre Freiheit zu finden, wenn ihre gesamte Welt in gewisser Weise einem großen Lager auf einem Speicher ähnelt, in dem sich im Lauf der Jahrhunderte alte Spinnräder und Spinnweben, Mörtel, Backsteine und widersprüchliche Gedanken angesammelt haben? [...] Diese gesamte Energie, diese gefesselte Energie, muss durch die Kraft des heiligen Feuers Freiheit finden! Die Menschheit der Erde muss die Tore ihres Bewusstseins öffnen, um Gottes Licht zu verbreiten, und sie muss aufhören, den Dingen Kraft zu geben, die sie binden und sie niemals zu ihrer Freiheit gelangen lassen [...]. Die violette Flamme ist das höchste Geschenk [...] Gottes an das Universum!"

Saint Germain erklärt uns: "Die violette Flamme ist eine physische Flamme! Die violette Flamme ist von allen Strahlen in ihrer Schwingungsfrequenz dieser irdischen Substanz, diesen chemischen Elementen

*Die violette Flamme*

und Komponenten am ähnlichsten [...] Daher kann sich die violette Flamme mit jedem Molekül und jeder molekularen Struktur, jedem Partikel der Materie [...] und jeder Lichtwelle, jedem Elektron oder jeder Art von Elektrizität verbinden."

Die violette Flamme ist das höchste Gegengift bei Lebensmittelvergiftung, Belastung mit Chemikalien, Toxinen und Drogen im Körper. Nehmen Sie bei derartigen Vergiftungen stets unbedingt die nötigen Medikamente ein, benutzen Sie parallel dazu jedoch immer auch die violette Flamme. "Die violette Flamme ist ein Elixier, das Sie trinken können [...]. Wo immer sich Chelas* versammeln, um zur violetten Flamme zu beten, lässt sich augenblicklich eine Verbesserung der körperlichen Konstitution feststellen!"

Wie wirkt die violette Flamme? El Morya sagt dazu Folgendes: "Genauso, wie das Sonnenlicht, das durch ein Prisma fällt, in den Regenbogen der sieben Strahlen gebrochen wird, wird das Licht Christi durch das Bewusstsein des Heiligen Geistes für die

* *Schüler der Aufgestiegenen Meister, Jünger*

*Der Aufgestiegene Meister El Morya*

Menschheit zum Einsatz auf den Ebenen der Materie gebrochen. Jeder der sieben Strahlen ist eine konzentrierte, aktivierende Kraft des Lichtes Gottes, der seine ganz spezifische Farbe und Frequenz besitzt. Jeder Strahl kann sich auch als Flamme der gleichen Farbe und Schwingung manifestieren.

Der Einsatz der Flamme wirkt als spezifischer Prozess Christi auf Körper und Seele, Geist und Herz. Wenn Sie als Ausdruck Ihres freien Willens die violette Flamme anrufen und alle unerwünschten, widrigen Bedingungen der Flamme übergeben, beginnt das Feuer augenblicklich mit seiner Arbeit und baut Substanzpartikel ab, die Teil der Massenansammlung von Hunderten, ja sogar Tausenden von Inkarnationen sind" - das sind Hunderte Ihrer eigenen Leben. Sie tragen die Anhäufung von menschlicher Zwietracht von Tausenden von Inkarnationen mit sich herum, "seitdem Sie einst aus Unwissenheit zuließen, dass sich in Ihr Bewusstsein, Ihre Aufmerksamkeit, Ihre Gedanken und Gefühle, Ihre Worte und Taten all die unwürdigen Bedingungen, die die menschliche Rasse geerbt hat, einnisteten."

Wir sind herumgelaufen, ohne zu merken, wie schwer unsere Körper geworden sind infolge des

Zustands des menschlichen Bewusstseins, und ohne zu erkennen, wie leicht wir sein und wie sehr wir unser Leben verlängern könnten, wenn wir die violette Flamme einsetzen würden.

El Morya erklärt uns, dass verletzende Gedanken und Gefühle den weiten Raum zwischen den Elektronen und den Zellkernen ausgefüllt haben. Ob Sie es glauben oder nicht: Wenn Sie Gottes Energie - die Ihnen unablässig über Ihre Silberschnur zuströmt - energetisch verunstalten, kann der einst kristallklare Strom des Lichtes Gottes so hart wie Beton oder so klebrig wie Melasse werden. Er kann geistige Verkalkung, eine Verhärtung des Herzens und mangelnde Sensibilität für die Bedürfnisse anderer verursachen. Er kann um Ihre Chakren herum eine dichte Masse bilden, die verhindert, dass Ihre Seele die zarten Gaben des Heiligen Geistes empfängt. Wenn Sie jedoch den Scheuervorgang der violetten Flamme täglich einsetzen, heben Sie Ihr Bewusstsein auf die Ebene Ihres Höheren Selbst. Selbst die starken Mauern Ihres Mentalkörpers werden von der violetten Flamme blank gescheuert!

El Morya sagt, Sie sollten sich vorstellen, Sie würden Ihren Körper des Verlangens und Ihre unkontrollierten Emotionen in eine konzentrierte chemische Lösung aus purpurvioletter Flüssigkeit eintauchen. Denn genau das ist die violette Flamme - eine Reinigungslösung, die alle Verunreinigungen in Ihrem Geist und Ihrem Körper beseitigt. Jeden Tag und auf alle erdenkliche Weise spült die violette Flamme die Zellen Ihres Geistes und Ihres Körpers und erneuert sie.

## *So rufen Sie Erzengel Zadkiel an*

Ich möchte Ihnen nun die Gelegenheit geben, Erzengel Zadkiel und die heilige Amethyst anzurufen, damit diese Sie, Ihren Geist, Ihre Gefühle, Ihre Gedanken, Ihr Herz, Ihre Seele und Ihre Chakren mit der violetten Flamme durchtränken, so dass Sie wieder Ihrem Idealbild entsprechen (siehe Seite 11). Visualisieren Sie, wie die violette Flamme um Ihre Chakren wirbelt, während Sie die Anrufung sprechen. Ihre Anrufung kann ganz einfach formuliert sein, etwa wie folgt: "Erzengel Zadkiel und

heilige Amethyst, helft mir heute dabei, ________"
Teilen Sie ihnen dann mit, wobei sie Ihnen behilflich sein sollen. Bitten Sie außerdem, wenn Sie möchten, deren Engel darum, zu den Krisenherden der Welt zu gehen, wo die Menschen leiden, und diesen die violette Flamme zu bringen.

*Anrufung:*
*"Geliebter Erzengel Zadkiel, geliebte heilige Amethyst, wir bringen euch unsere ganz persönlichen Gebete von Herz zu Herz entgegen. Nehmt nun unsere innigsten Herzenswünsche, unsere tiefste Sehnsucht entgegen: die Heilung der Nationen, die Heilung unserer Kinder, die Heilung unserer familären Situation zuhause, unserer Beziehungen, unserer Städte und Dörfer, die Heilung der Flüsse und Ströme, die Heilung der Luft und des Erdenkörpers sowie die Heilung aller Menschen zu erleben, die an einer unheilbaren Krankheit leiden. Erzengel Zadkiel und heilige Amethyst, lasst die violette Flamme nun durch uns hindurchlodern. Wir tragen*

*heute unsere Anrufungen für alles, was auf der Erde und in unserem Leben passiert, vor. Erhöre uns nun, oh Gott, durch deine gesegneten Erzengel."*

Wir wollen unseren Anrufungen die Affirmation "ICH BIN die violette Flamme" folgen lassen. Wenn Sie den Ausdruck "ICH BIN" hören, denken Sie daran, dass "ICH BIN" der Name Gottes ist. ICH BIN ist der Name für Ihre mächtige ICH BIN-Gegenwart. Wenn Sie daher sagen: "ICH BIN die violette Flamme", so meinen Sie in Wirklichkeit: "Gott in mir ist die violette Flamme, die in mir jetzt aktiv ist". Die Flamme ist Gott. – Es ist Gott, der die violette Flamme entsendet, damit wir sie nutzen können. Die Aktivität der Flamme ist Gott in uns in Aktion. Wenn Sie dies als Affirmation sprechen, bekräftigen Sie, dass die Gesamtheit Ihres Wesens die Aktivität der violetten Flamme Gottes manifestiert. Wir wollen es nun gemeinsam laut sprechen:

ICH BIN die violette Flamme,
die jetzt in mir brennt.
ICH BIN die violette Flamme

und beuge mich nur dem Licht.
ICH BIN die violette Flamme
in all ihrer kosmischen Kraft.
ICH BIN das Licht Gottes,
das ständig scheint.
ICH BIN die violette Flamme,
die glüht wie die Sonne.
ICH BIN Gottes heilige Kraft,
die jeden befreit.

I AM the violet flame
In action in me now
I AM the violet flame
To light alone I bow
I AM the violet flame
In mighty cosmic power
I AM the light of God
Shining every hour
I AM the violet flame
Blazing like a sun
I AM God's sacred power
Freeing every one

Wenn Sie die Darstellung Ihres göttlichen Selbst betrachten (siehe Seite 41), erkennen Sie, dass Sie auf drei verschiedene Ebenen des Bewusstseins schauen. Das höchste Wesen, die obere Gestalt in der Abbildung, ist ICH BIN DER ICH BIN, die Gegenwart Gottes mit Ihnen, der allmächtige, absolut reine, alles wissende, alles liebende Gott, Gottvater und Gottmutter. Die mittlere Gestalt ist der Mittler zwischen Gott und dem Menschen; wir nennen ihn das "Höhere Selbst" oder das "Heilige Christusselbst". Die untere Gestalt in der Darstellung, umgeben von der violetten Flamme, sind Sie.

Obwohl Sie sehen, wie diese violette Flamme Sie umgibt, müssen Sie wissen, dass die violette Flamme Sie nicht automatisch umgibt, da die ätherische Oktave oder Himmelswelt das ursprüngliche Zuhause der violetten Flamme ist. Die violette Flamme taucht nur in unsere verdichtete Welt ein, wenn wir sie auf uns herabziehen, indem wir unser Kehlchakra einsetzen und Affirmationen zur violetten Flamme und ihrer Aktivität dort sprechen, wo wir sind.

Wenn Sie ein Kraftmoment in Ihrer Lichtsäule aufbauen möchten, um von dieser violetten Flamme immer umgeben zu sein, brauchen Sie nur täglich diese violette Flamme anzurufen, bis Sie so viel violette Energie aufgebaut haben, dass Sie niemals mehr ohne die violette Flamme sind. Man lehrt uns, dass das Licht alle 24 Stunden nach seinem eigenen Niveau strebt, nach dem Niveau der Perfektion. Daher müssen wir diese Flamme immer wieder anrufen, damit wir in ihr bleiben, sonst wird sie natürlicherweise zu ihrer ursprünglichen Quelle zurückstreben. Ihr Ursprung liegt auf der Ebene des Christus oder auf der Ebene der ICH BIN-Gegenwart.

Wenn Sie ein Kraftmoment haben, das aus vielen Anrufungen an die violette Flamme resultiert, bauen Sie ein Energielevel auf, das Ihnen erhalten bleibt. Doch wenn Sie zu viel Zeit verstreichen lassen, ohne die violette Flamme anzurufen, wird sie immer dünner und dünner, ganz gleich, wie lange Sie auf dem spirituellen Pfad unterwegs gewesen sein mögen. Wenn Sie das Gesetz nicht anwenden, arbeitet das Gesetz nicht für Sie.

Wenn Sie die violette Flamme anrufen, sollten Sie sie bewusst auf ein jedes Problem richten, das Sie in Ihrem Leben haben – ganz gleich, wie klein oder groß es sein mag. Manchmal glauben wir, die kleinen Probleme seien zu unbedeutend, um darüber ein Gebet zu sprechen, und die großen Probleme seien zu groß, so dass sie unlösbar sind - warum sollte man dann überhaupt beten? Wo führt uns das also hin? Nun, wir beten überhaupt nicht für unsere Probleme. Sehen Sie vor Ihrem geistigen Auge Lichtstrahlen der violetten Flamme, die in eine Last in Ihrem Herzen, in Ihrer Seele, in einer Beziehung, in Ihrer Familie, in Ihrer Stadt eindringen - in Dinge in der Regierung und in den Ländern, über die Sie sich Sorgen machen. Stellen Sie sich vor, wie dieser Strahl dorthin vordringt.

Erzengel Zadkiel sagt: "Es ist wahrhaft wunderbar, auf den inneren Ebenen die enormen Bemühungen zu beobachten, die ihr unternehmt, um die Schichten eures Karmas zu verwandeln. Denn hier sitzt ihr, umgeben von allen möglichen negativen Gedanken, die in eurer Aura kreisen. Dann beschließt ihr plötzlich, die violette Flamme anzurufen. Und siehe da - da beginnt sich die mächtige Kraft des siebten Strahls als riesige Elektrode kosmischer Energie auszubilden. Und die Engel versammeln sich um euch. Mit geöffneten Handflächen lenken sie einen Lichtbogen des violetten Strahls durch euren Körper und eure Aura. Während dieser

Lichtbogen blitzartig durch euer Wesen zuckt, lässt er die negativen Umstände verdampfen, und diese lösen sich sprichwörtlich in eurem Herzen und eurem Geiste in Luft auf!"

Zadkiel lehrt uns, dass die violette Flamme, die mit dem großen Strom des Heiligen Geistes fließt, jedes Partikel, mit dem sie in Berührung kommt, von allen missbrauchten Energien befreit. Die Flamme umzüngelt die Materie. Wo auch immer sich eine Öffnung befindet, wo auch immer eine Einladung winkt, rollen die Feuer der Befreiung heran, und die Engel von Zadkiel und der heiligen Amethyst hinterlassen die violette Flamme. Sie ist wahrhaftig das universelle Lösungsmittel, nach der die Alchemisten jahrhundertelang gesucht haben.

## *So können wir Energie positiv oder negativ belegen*

Lassen Sie mich genau erklären, wie wir Stunde um Stunde und Augenblick für Augenblick Energie qualifizieren. Wenn Sie die obere Gestalt in der Abbildung der ICH BIN-Gegenwart betrachten (siehe Seite 41), werden Sie dort ein weißes Band sehen, das sich vom Herzen Gottes bis zu Ihrem Herzen hinabzieht. Es wird als "Kristallschnur" bezeichnet, die in der Bibel als "Silberschnur" erwähnt wird.* Sie ist wie eine Nabelschnur, mit der Sie von Ihrem Herzen aus mit dem Herzen Gottes in der großen Zentralsonne verbunden sind. Über diese Kristallschnur strömt die Energie Gottes. Sie ist der kristallklare Fluss des Lebens, der im Buch der Offenbarung enthüllt wird.**

Diese Kristallschnur war ursprünglich so groß wie unsere Lichtsäule und ebenso breit wie diese. Doch nachdem wir die Himmelswelt verlassen hatten, begannen wir unter dem Einfluss der aufständischen Engel, Gottes Energie zu missbrauchen. Jedes Mal, wenn wir wütend waren - oder wütend sind –, missbrauchen wir Gottes Licht, das uns durchflutet. Diese negativ geladene Energie verlässt uns durch unsere Chakren und strömt hinaus in die Welt. Dort verstärkt sie das

---

* *Prediger Salomo 12, 6.*
** *Offenbarung 22, 1.*

Darstellung des göttlichen Selbst

Schwingungsmoment des weltweiten Zorns, der letztendlich wie ein Bumerang zu uns zurückkehrt. Wir müssen damit umgehen wie mit einem Gebrechen, das uns plötzlich überkommt.

Mit unseren feindseligen oder unreinen Gefühlen verunstalten wir also Gottes Licht. Ohne diesen Lichtstrom können wir nicht denken. Ihre Gedanken, Gefühle, Worte und Taten - diese können Ihnen folglich positives und gutes Karma bescheren, wenn Sie mit Anmut leben, gute Taten säen und jedem Menschen Liebe schenken. Daher handelt es sich um gutes Karma und die richtige Ladung der Energie Gottes.

Die Energie Gottes ist kristallklar. Sie hat keine Farbe. Sobald Sie sie aussenden, nimmt sie die Farbe Ihrer Schwingung an. Diese kann reines Rosa und rosenfarbig sein, die Farbe der Liebe. Sie kann gelb sein - die Farbe der Erleuchtung, wenn Sie jemanden unterweisen. Sie kann blau sein, während Sie den Willen Gottes aussenden und tiefen Glauben in Ihrer Aura tragen. Viele Menschen, die streng an Gott glauben, haben daher eine Aura, die ausschließlich von der blauen Flamme erfüllt ist. Dann gibt es das Grün, wenn Sie Gedanken der Heilung aussenden. Unter dem fünften, grünen Strahl finden Sie Heilung, alle Formen der Wissenschaft, der Musik, des Wissens um ein Leben, in dem wir aus der Fülle schöpfen, die Wirtschaft, das Geschäftsleben usw. Wenn Sie also Energie in dieser Richtung qualifizieren, werden Sie das Grün in Ihrer Aura verstärken.

Weiß entspricht der Reinheit. Die violette Flamme repräsentiert die Freude und die Freiheit. Perlmuttfarben entspricht der Flamme der Auferstehung, die zeigt, dass sich Ihre Energien erhöhen und dass Sie mit dem lebendigen Christus in Einklang sind.

Die Aura nimmt also jeweils die Farben der Aktivität an, die Sie mit der Energie ausüben, die Ihnen Tag und Nacht zufließt. Solange noch Leben und ein Hauch Atem in Ihnen ist, strömt Ihnen diese Energie zu. Wenn Sie sie mit etwas Negativem aufladen, schaffen Sie negatives Karma, und dieses beginnt zu zirkulieren, zieht mehr von seiner Art an und kehrt wie ein Bumerang zu Ihnen zurück. Dann sind Sie vielleicht auf Gott wütend oder auch auf Ihren Nachbarn oder gar auf sich selbst, weil ein Unglück über Sie hereingebrochen ist. Aber in Wirklichkeit ist nur Ihr eigenes wiederkehrendes Karma über Sie hereingebrochen.

Wenn Sie die guten, positiven Schwingungen und Kraftmomente säen, so umkreisen diese ebenfalls die Erde und ziehen mehr ihrer Art an. Auf diese Weise segnen Sie alles Leben überall und immer dann, wenn Sie Sanftmut und Freundlichkeit aussenden. Diese gute Energie, die sich vervielfacht, während sie um die Erde Kreise zieht, kommt am Ende, wenn sich der Kreis schließt, zurück, steigt in Ihren Kausalkörper auf und verstärkt dort die entsprechenden Lichtkugeln. Je nach Hauptaugenmerk in Ihrem Leben werden Sie die dazugehörige Kugel Ihres Kausalkörpers verstärken. Sind Sie Professor oder Lehrer, so verstärken Sie beispielsweise die gelbe Kugel.

Der Kausalkörper ist Ihr Stern. Jesus sagte von diesem Stern: "Ein Stern übertrifft den anderen an Klarheit".* Das bedeutet, Sie besitzen einen einzigartigen Kausalkörper aus Licht, weil Sie ganz individuell Ursachen in Bewegung gesetzt haben, die zu Ihnen zurückgekehrt sind und zu dem angewachsen sind, was die Meister in ihrer Fachsprache als Ihr "Bankkonto" bezeichnen. Ihr Kausalkörper ist Ihr Bankkonto. Dort haben Sie Ihre Schätze im Him-

---

* *1. Korinther 15, 41.*

mel deponiert, die als Schwingung zur entsprechenden Lichtkugel streben, und diese Kugeln entsprechen genau den Farben der Chakren.

Auf diese Weise qualifizieren wir also die Energie positiv oder negativ. Was tun wir denn nun eigentlich, wenn wir die violette Flamme anrufen? Nun, wir setzen die violette Flamme ein, um die Energie, die negative Energie, die wir ausgesandt haben, d. h. unser negatives Karma, wieder zurückzurufen. Die violette Flamme ist Gottes Gabe an uns, um negative Aufzeichnungen zu verwandeln, um das gesamte Kraftmoment zu verwandeln, um einen Segen an alle Formen des Lebens auszusenden, welchen wir jemals geschadet oder Unrecht angetan haben, und um den gleichen Segen der violetten Flamme auch an diejenigen zu schicken, die uns Schaden zugefügt haben. So können wir also mit Hilfe der violetten Flamme unser Karma ausgleichen.

Die andere Möglichkeit, unser Karma auszugleichen, besteht in dem Dienst, den wir erweisen, in unserer täglichen Arbeit. Wenn Sie einen Beruf ausüben und diese Tätigkeit nicht mögen, wenn Sie Ihre Arbeit hassen und ständig diese Schwingung aussenden, erreichen Sie in Ihrem Leben mit Sicherheit so gut wie nichts, da Sie durch Ihre negative Schwingung beständig negatives Karma erzeugen. Sie bewirken, dass die Menschen in Ihrem Umfeld diese Last tragen müssen. Außerdem belasten Sie den Konzern oder das Unternehmen, für das Sie arbeiten. Daher ist es sehr wichtig, dass Sie Frieden mit Gott schließen. Wenn Sie gerade eine Arbeit haben, die Sie nicht mögen, so finden Sie irgendetwas Gutes daran - und wenn es allein die Tatsache ist, dass Sie überhaupt einen Arbeitsplatz haben, der Ihnen die Gelegenheit bietet, sich weiterzubilden und auf einen Beruf vorzubereiten, der Ihnen mehr Spaß machen wird. Wirklich schlecht ist es, wenn wir beschließen, in unserem Leben unglücklich zu sein und diesen unglücklichen Zustand jahrein, jahraus aufrechterhalten. Auf diese Weise vergeuden Sie Ihr Leben und erzeugen viel Karma, da Sie nur Schwingungen aussenden, die jeden in Ihrem Umfeld nach unten ziehen.

Erzengel Zadkiel, die heilige Amethyst, Saint Germain und all diejenigen, die auf dem siebten Strahl dienen, lehren uns also die Verantwortung, die mit Freiheit einhergeht. Ja, Sie haben die Freiheit zu hassen, und Sie haben die Freiheit zu lieben. Wer hält Sie auf? Niemand. Doch Sie werden die

Saat Ihrer Worte und Taten ernten. Warum sollten wir also nicht die Früchte des Lichts ernten? Warum sollten wir nicht in die nächste Klasse des Lebens vorrücken, statt eben diese Klasse in der Erdenschule zu wiederholen, nur weil wir nicht aus einem Groll oder diesem und jenem herauskommen?

Sie sehen also, dass es sehr wichtig ist sicherzustellen, dass Sie jedem Teil des Lebens gegenüber wirklich, wahrhaftig und aufrichtig liebevoll sein können. Finden Sie immer einen Grund zu lieben, denn wir wissen, dass Gott in jedem Herz der Menschen wohnt. Das ist Grund genug, um alle Menschen zu lieben und sie nicht zu kritisieren oder zu verurteilen.

## Die Alchemie

Die Alchemie war, wie Sie wissen, eine Wissenschaft des Mittelalters. Die Alchemisten versuchten, unedle Metalle in Gold zu verwandeln und ein Allheilmittel für alle Krankheiten sowie ein Mittel zur Verlängerung des Lebens zu finden. Im weiteren Sinne wird das Wort "Alchemie" als "eine Kraft oder ein Prozess zur Verwandlung gewöhnlicher Dinge in etwas Besonderes" definiert. Alchemie wird auch als "unerklärliche oder geheimnisvolle Verwandlung" definiert.

Die Alchemie ist die Wissenschaft der Selbstverwandlung, und der Schlüssel zur Selbstverwandlung ist die violette Flamme. Saint Germain lehrt uns: "Jede Erfahrung im Leben kann verwandelt und überwunden werden, um zu einer göttlichen Erfahrung zu werden." Erzengel Zadkiel sagt: "Ich besitze in meinem Herzen die Geheimnisse der Alchemie." Bitten Sie in einer Anrufung um diese, wenn Sie möchten, und er wird sie Ihnen enthüllen.

Saint Germain hat seine Lehren über die Alchemie in zwei Büchern bekannt gegeben. Diese wurden Anfang der 60er Jahre des 19. Jahrhunderts veröffentlicht und sind zu Klassikern geworden - "Alchemistische Studien" und "Intermediäre alchemistische Studien". Ich habe diese beiden Werke in dem Buch "Saint Germain - Alchemie: Die geheimen Formeln für inneren und äußeren Reichtum"* zusammenge-

* *Dieses Buch ist erschienen bei Ansata, 2009.*

fasst. (Auszüge hieraus sind in dem Buch "Saint Germain - Aus der Fülle schöpfen"* veröffentlicht.)

Diese Studien führen wahrhaftig zur Selbstverwandlung, denn Saint Germain vermittelt uns alchemistische Formeln zur Selbstmeisterung. In seinem Werk "Intermediäre alchemistische Studien" lehrt er uns, wie wir eine Lichtwolke visualisieren und erzeugen können. Erinnern Sie sich an die Stelle in der Bibel, wo es von Jesus heißt, als er den Schauplatz in Palästina verließ: Er "ward aufgehoben zusehends, und eine Wolke nahm ihn auf vor ihren Augen weg".** Das ist eine faszinierende Aussage. Und so lehrt Saint Germain Sie, wie Sie Gottes Licht durch Meditation und Mantren und über die Wissenschaft der Dekrete verdichten können - wie Sie eine verdichtete Lichtwolke erzeugen können, die Sie selbst, eine Stadt oder eine internationale Krise einhüllt. - Ich habe schon erlebt, dass sich Hunderte von Menschen zu diesem Zweck versammelt haben. Ich habe erlebt, wie sie in bestimmte Gebiete, in denen jahrelang Dürre geherrscht hatte, Regen gebracht haben.

---

* *Dieses Buch ist erschienen im Silberschnur Verlag, 2008.*
** *Apostelgeschichte 1, 9.*

Ich habe alle möglichen Wunder erlebt, die durch die Erzeugung der Lichtwolke eingetreten sind.

In seinem Werk "Alchemistische Studien" lehrt Sie Saint Germain, wie Sie sich auf physische Objekte konzentrieren und diese tatsächlich materialisieren können. Er lehrt Sie insbesondere, ein Malteserkreuz aus Amethyst zu visualisieren. Wer Saint Germain kennt, möchte daher unbedingt sein Schüler werden. Ich hoffe, dass Sie, wenn Sie diese Bücher noch nicht gelesen haben, dies nachholen werden. Wenn Sie sie bereits gelesen haben, sollten Sie sie nochmals durcharbeiten, denn sie enthalten wunderbare Schlüssel.

Von all den Engeln, mit denen wir uns befassen, sind es die Engel des siebten Strahls, Erzengel Zadkiel und die heilige Amethyst, die uns lehren, wie wir in unserem Leben Wunder vollbringen können. Wunder sind dabei aber immer das Produkt einer Wissenschaft, die wir nur nicht kennen, nicht erlernt haben, nicht studiert haben. Jedes Wunder, das Jesus je vollbracht hat, war die Erfüllung eines kosmischen Gesetzes.

Tatsächlich eröffnet Saint Germain seine "Studien zur Alchemie" mit eben dieser Aussage. Im Folgenden seine Worte zum Wunder, als Christus auf dem Wasser wandelte: "Als Christus vor 2.000 Jahren auf dem Wasser des Sees von Galiläa wandelte, demonstrierte er damit, wie sich das Naturgesetz der Levitation manifestiert, das innerhalb eines Energiesystems funktioniert, das auf Kohäsion, Adhäsion und Magnetismus basiert - eben auf den Grundprinzipien, die einen Orbitalflug möglich machen. Die Lichtatome, die den Körper Christi bildeten, absorbierten auf seinen Wunsch hin zusätzlich eine Anzahl kosmischer Strahlen und spiritueller Materie. Da diese eng mit dem physischen Licht verbunden sind, machten sie seinen ganzen Körper leicht und ermöglichten es ihm dadurch, mit der gleichen Leichtigkeit auf dem See wie auf dem Festland zu wandeln.

Sein Körper war ein reiner Lichtstrahl, der aufs Wasser schien. Das Verblüffendste an allem aber war seine Fähigkeit, diese Macht aufgrund Petrus' Fähigkeit, Christus in einer strahlenden, erleuchteten Manifestation zu sehen, energetisch auf eben diesen zu übertragen. Indem Petrus aber zeitweise seinen Blick von Christus abwandte, geriet er jedoch in eine Schwingung und einen Strudel menschlicher

Angst, die sofort bewirkte, dass sich sein Körper verdichtete, so dass er halb in der aufgewühlten See versank. Die fürsorgliche Hand Christi, die dieser ihm in reiner Liebe entgegenstreckte, stellte die alchemistische Verbindung wieder her, und der Fluss der spirituellen Energie durch seine Hand ließ Petrus wieder zurück in die Sicherheit emporsteigen."

Ein weiteres Beispiel dafür, wie unser Meister Jesus einen Energiestrom aussandte - nämlich im Falle der Frau, die, ohne dass er es vorher wusste, den Saum seines Gewandes berührte -, zeigt die unpersönliche Liebe Gottes, die immer auf den Ruf des Glaubens einer jeden Kreatur antwortet, die er so wundervoll und so rein in der höchsten Hoffnung auf absolute kosmische Freiheit für alle entworfen hat.

Diese beiden Beispiele beziehen sich auf Aspekte des großen kosmischen Gesetzes, die nicht allgemein bekannt sich, jedoch in der Öffentlichkeit diskutiert oder von religiösen Gruppen angeschnitten werden. Das Gesetz der Energieübertragung ist für die alchemistische Wissenschaft unerlässlich, denn ohne dieses ist es nicht möglich, Materie "zu erzeugen".

# Selbstverwandlung mit Hilfe der violetten Flamme

Die violette Flamme ist, da sie mit der körperlichen Schwingung unserer eigenen Atome und unseres eigenen Körpers so eng verwandt ist, die Flamme und der Strahl, den wir für alle Arten von Wundern verwenden. Wenn Sie beginnen, die violette Flamme täglich zu benutzen und anzurufen, wie wir es gerade tun, werden Sie mit Sicherheit vermeintliche Wunder in Ihrem Leben erfahren. Doch Sie werden erkennen, dass dahinter eine Wissenschaft steckt, die Sie noch nicht ergründet oder verstanden haben, die jedoch zwischen der Chemie Ihres Wesens und der violetten Flamme am Wirken ist.

Zadkiel sagt: "Der größte Schritt nach vorn, den ein Individuum je tun kann, ist der beständige, gewissenhafte Einsatz der violetten, verwandelnden Flamme." Er sagt nicht, warum, aber er sagt uns das immer wieder, wie all die Meister der violetten Flamme, da die Ergebnisse so gewaltig sind.

Einer von Saint Germains Schülern wurde Zeuge der verwandelnden Kraft der violetten Flamme: "Die violette Flamme hat mich geheilt. Jahrelang hatte ich Psychologen aufgesucht. Sie halfen mir dabei, Ursachen zu finden. Doch wie sollte ich mich verändern können? Dann entdeckte ich die Wissenschaft vom gesprochenen Wort. Jeden Tag sprach ich Dekrete zur violetten Flamme. Es funktionierte! Diese kraftvolle Flamme durchdrang meinen Groll im Kern und löste ihn auf. Durch die violette Flamme wurde ich gesund, stark und dankbar! Ich baue jeden Tag auf sie!"

Ein anderer Schüler sagte: "Immer, wenn ich die 'Violette Flamme' oder ein anderes Dekret spreche, fühle ich mich sofort viel zentrierter und klarer. Wenn ich irgendwelche Zweifel darüber habe, wer ich bin oder wie ich eine schwierige Situation angehen soll, klärt die Aktivität der Dekrete all dies auf der Stelle und verhilft mir zu den richtigen Entscheidungen. Sie glättet die Falten meines Geistes und meiner Emotionen."

Saint Germain erklärt uns die Vorteile, die wir haben, wenn wir zur violetten Flamme beten: "Bei einigen von euch ist eine stattliche Menge an Karma ausgeglichen worden, bei anderen ist die Härte des Herzens um das Herzchakra herum in der Tat geschmolzen. Ihr habt eine neue Liebe und eine neue Sanftheit, eine neue Art von Mitgefühl, eine neue Sensibilität fürs Leben, eine neue Freiheit und neue Freude entwickelt, während ihr diese Freiheit angestrebt habt. Es ist eine Heiligkeit entstanden, als ihr durch meine Flamme mit der Priesterschaft des Ordens des Melchizedeks in Kontakt getreten seid. Bestimmte Schwingungsmomente der Ignoranz und der geistigen Engstirnigkeit sind weggeschmolzen und haben sich aufgelöst, während ihr euch einem Pfad der Bescheidenheit zugewandt habt, der für die Erlangung eurer göttlichen Selbstbeherrschung förderlicher ist.

Die violette Flamme hat auch förderlich auf familiäre Beziehungen gewirkt. Sie hat dazu gedient, einige zu befreien, um altes Karma und alte Verletzungen auszugleichen, sowie Einzelne entsprechend ihrer persönlichen Schwingung auf Kurs zu bringen ... Es ist unmöglich, all die Vorzüge der violetten Flamme explizit aufzuführen, doch es findet in der Tat ein alchemistischer Prozess innerhalb der Persönlichkeit statt. Die violette Flamme hat es auf die Spaltungen in eurer Seele abgesehen, die psychische Probleme verursachen, die auf die frühe

Kindheit und auch auf frühere Inkarnationen zurückgehen und die im Bewusstsein so tiefe Furchen hinterlassen haben, dass es in der Tat schwierig geworden ist, diese Leben für Leben zu glätten."

Die violette Flamme ist eine effektive Hilfe beim Umgang mit psychischen Problemen, ersetzt jedoch keinen Rat vom Fachmann. Die violette Flamme ist eine ergänzende Maßnahme, die die Dinge erleichtert.

Ich möchte Ihnen die Gelegenheit geben, mit der violetten Flamme zu experimentieren. Visualisieren Sie, während Sie diese Mantren rezitieren, wie die violette Flamme zunächst in Ihrem Herzen auflodert, dann in Ihrem Kopf und anschließend in Ihren Händen. Sprechen Sie laut zur violetten Flamme. Bedenken Sie: Gott ist die Flamme.

## Violettes Feuer

Herz

Violettes Feuer, du göttliche Liebe,
lodere auf in diesem meinem Herzen!
Du bist Gnade für immer wahr,
halte mich stets im Einklang mit dir.

Kopf
ICH BIN Licht, du Christus in mir,
befreie meinen Geist für immer.
Violettes Feuer, leuchte stets
tief in diesem meinem Geist.
Gott, der du mir gibst mein täglich' Brot,
erfülle meinen Kopf mit violettem Feuer,
bis deine himmlische Ausstrahlung
aus meinem Geist einen Lichtgeist macht.

Hand
ICH BIN die Hand Gottes in Aktion,
die jeden Tag den Sieg davonträgt.
Die höchste Freude meiner reinen Seele
ist es, den goldenen Mittelweg zu gehen.

## Violet Flame

Heart
Violet fire, thou love divine,
Blaze within this heart of mine!
Thou art mercy forever true,
Keep me always in tune with you.

Head
I AM light, thou Christ in me,
Set my mind forever free;
Violet fire, forever shine
Deep within this mind of mine.
God who gives my daily bread,
With violet fire fill my head
Till thy radiance heavenlike
Makes my mind a mind of light.

Hand
I AM the hand of God in action,
Gaining victory every day;
My pure soul's great satisfaction
Is to walk the Middle Way.

Rufen Sie als Nächstes Ihre Säule des Lichts an, die Sie auf der Darstellung (Seite 41) abgebildet sehen, und stellen Sie sich vor, wie diese sich um Sie herum als intensives weißes Feuer verdichtet - als ein Zylinder absoluten Schutzes vom Herzen Gottes.

## Säule des Lichts

Geliebte strahlende ICH BIN-Gegenwart,
versiegele deine Säule aus Licht um mich,
das stammt von Aufgestiegener Meister Flamme,
die ich jetzt anrufe in Gottes Namen.
Möge sie meinen Tempel freihalten
von aller Zwietracht, die man mir schicken will.

ICH rufe das violette Feuer an,
alles Verlangen zu erhellen und zu verwandeln.
Es möge brennen im Namen der Freiheit,
bis ICH BIN eins mit der violetten Flamme.

## Tube of Light

Beloved I AM Presence bright,
Round me seal your tube of light
From ascended master flame
Called forth now in God's own name.
Let it keep my temple free
From all discord sent to me.

I AM calling forth violet fire
To blaze and transmute all desire,

Keeping on in freedom's name
Till I AM one with the violet flame.

Rufen Sie das Gesetz der Vergebung an, und schicken Sie die violette Flamme all denen, welchen Sie Unrecht getan haben, sowie allen, die Ihnen Unrecht angetan haben.

### Vergebung

ICH BIN die Vergebung, die hier wirkt,
die alle Zweifel und Furcht vertreibt
und die alle Menschen immerwährend
durch ihre Flügel des kosmischen Sieges befreit.
ICH BIN der Ruf in voller Kraft,
der jede Stunde um Vergebung bittet.
An alle Lebewesen an jedem Ort
verströme ich meine verzeihende Gnade.

### Forgiveness

I AM forgiveness acting here,
Casting out all doubt and fear,

Setting men forever free
With wings of cosmic victory.

I AM calling in full power
For forgiveness every hour;
To all life in every place
I flood forth forgiving grace.

## *Ihr inneres Kind*

Saint Germain, unsere geliebte Maria, die Mutter Jesu, und El Morya - all sie haben uns gesagt, dass wir auf unserem spirituellen Pfad zum Stillstand kommen, wenn wir nicht sorgfältig darauf bedacht sind, unsere psychologischen Probleme zu lösen. Ich möchte als Ergänzung für Ihr Studium der violetten Flamme folgende Buchempfehlungen geben:

“In dir lebt das Kind, das du warst: Seelische Belastungen bewältigen” von W. Hugh Missildine, ein hervorragendes Buch für das Verständnis unserer Seele. Einige unter Ihnen haben bereits von der Arbeit mit dem inneren Kind und dessen Heilung gehört. Charles L. Whitfield hat das Buch "Heilen des inneren Kindes: Hilfe für erwachsene Kinder aus gestörten Familien" geschrieben. Saint Germain hat mir die Erkenntnis vermittelt, dass unsere Seele unser inneres Kind ist, dass wir das innere Kind heilen müssen und dass dabei unsere Seele imstande ist, zur Vereinigung mit unserem Höheren Selbst, unserem wahren Selbst, d. h. mit dem inneren Christus, zu gelangen.

Ein hervorragendes Buch ist "Aussöhnung mit dem inneren Kind" von Erika J. Chopich und Margaret Paul. Dies ist einfach ein wundervolles Buch. Ich habe festgestellt, dass man einen gewissen Widerstand gegen die Lektüre dieses Buches verspüren kann, da es nicht leicht ist, in die eigene Psyche einzudringen. Es ist eine Herausforderung, und es erfordert all die Liebe Ihres Herzens, uneingeschränkte Eigenliebe und den Einsatz der violetten Flamme. Sie müssen bereit sein, durch Schmerz hindurchzugehen, durch den Schmerz alter Aufzeichnungen, um den Segen der Erlösung zu erlangen. Wenn wir uns also vor unserem inneren Kind, unserer inneren Seele, verschließen, erreichen wir die spirituelle Erfüllung, die für uns in diesem Leben vorgesehen ist, nicht.

Die Autorinnen haben auch einen Nachfolgeband herausgegeben: "Das Arbeitsbuch: Zur Aussöhnung mit dem inneren Kind", in dem Sie alle praktischen Übungen zu den Empfehlungen im ersten Buch vorstellen.

Darüber hinaus gibt es "The Inner Child Workbook: What to Do with Your Past When It Just Won't Go Away" ("Das Arbeitsbuch zum inneren Kind - Was Sie mit Ihrer Vergangenheit tun können, wenn sie einfach nicht weichen möchte"; noch nicht in Deutsch erschienen) von Cathryn L. Taylor. Wenn Sie diese innere Erlösung erreicht haben, gleitet Ihre Vergangenheit ganz einfach in die violette Flamme hinein. Wenn Sie die violette Flamme in Kombination mit dieser Arbeit einsetzen, verwandelt das violette Feuer alle Aufzeichnungen ringsum durch und durch. Es gibt aber auch einige Dinge, die wir bewusst und wissentlich durcharbeiten müssen. Wir müssen uns der Narben, Verletzungen und der Last jenes inneren Kindes ganz bewusst werden.

Diese Bücher handeln auch von Ihrem "inneren Erwachsenen". Sie definieren den "inneren Erwachsenen" als die Person, die Sie gemäß dem Vorbild Ihrer Eltern als Erwachsener geworden sind. Ihr Erwachsensein ist folglich eine Kombination der Muster des Erwachsenseins Ihrer beiden Elternteile. Ist Ihr innerer Erwachsener also nach dem Vorbild von Eltern geformt, die autoritär waren oder selbst Probleme hatten, oder sind Sie in einer nicht intakten Familie aufgewachsen, so werden Sie feststellen, dass Ihr innerer Erwachsener nicht imstande ist, Ihr inneres Kind zu lieben und diesem inneren Kind die Liebe zu geben, die es so sehr braucht.

So ist es daher das Lebensziel, dass der innere Erwachsene und das innere Kind Harmonie und eine liebevolle Beziehung miteinander erreichen. Über diese Liebe des Christus in uns, unseres Höheren Selbst, werden das innere Kind und der innere Erwachsene eins und an das Höhere Selbst angebunden. Dies ist die wahre Bedeutung der "alchemischen Hochzeit" oder der "chymischen Alchemie". Diese erfolgt, wenn Ihre Seele mit Christus verbunden ist und nie mehr von diesem Christusselbst getrennt werden kann. Diese Anbindung kann niemals stattfinden, solange Ihre Seele und Ihr innerer Erwachsener immer noch gespalten sind. Daher ist es so wichtig, sich diese Bücher anzuschaffen und zu lesen, den Schmerz zu durchlaufen und alles zu durchleben, was erforderlich ist, während man liest und studiert. Wenn Sie einen guten Therapeuten brauchen, der Sie führt, so nehmen Sie sich zusätzlich einen.

Was Ihre Psychologie betrifft, so handelt es sich dabei um eine abgespeicherte Aufzeichnung, und die violette Flamme verwandelt diese Aufzeichnung. Exerzieren Sie also Ihre ganze Therapie und Ihre Psychologie durch, benutzen aber die violette Flamme nicht, dann verstehen Sie zwar völlig, warum Sie sind, was Sie sind, und warum Sie tun, was Sie tun, doch Sie verändern sich nicht notwendigerweise. Sie mögen sich vielleicht ein wenig verändern, doch die Aufzeichnung des Karmas muss definitiv mit der violetten Flamme verwandelt werden. Die violette Flamme ermöglicht die Umwandlung der gesamten Erfahrung, so dass diese machbar, tragbar und ungemein erfüllend wird.

## *Engel der Freude*

Die violette Flamme kann Ihnen einen körperlichen Schub verpassen. Die heilige Amethyst erklärt uns: "Warum willst du warten, während die Kerze deines Lebens immer weiter herunterbrennt? Du kannst deinen Körper mit der violetten Flamme wieder aufladen. Glaubst du denn, Gott sei nicht imstande, die Atome, Zellen und Moleküle deines Körpers zu vitalisieren - diese mit violettem Feuer zu durchfluten und dir den Glanz ewiger Jugend zu verleihen? Lehren dich die Gesetze der Wissenschaft nicht die Kraft im Atominnern selbst? Die violette Flamme besitzt unendliche Male mehr Kraft als ein einzelnes Atom. Daher sage ich: Lade dich mit dieser Energie auf. Benutze das violette Feuer!"

Zadkiel und die heilige Amethyst sagen, dass die violette Flamme eine Flamme der Freude ist. Die Engelsscharen Zadkiels und der heiligen Amethyst bewahren die leidenschaftliche Freude der Freiheit für den Planeten Erde 24 Stunden am Tag. Wenn Sie diese Leidenschaft für die Freiheit empfinden, die wir für Amerika und jede Nation auf Erden verspüren, so sollten Sie wissen, dass unsere Freude vom siebten Strahl stammt. Lassen Sie zu, dass die Freude der dreifältigen Flamme in Ihnen die Aufzeichnungen von Niederlagen und das Gefühl von Verlust beseitigt.

Wie viele von uns tragen diese Aufzeichnungen mit sich herum, weil ein Erwachsener, ein Lehrer, ein Elternteil, eine Autoritätsperson uns im Alter von zwei oder drei, vielleicht auch fünf oder zehn Jahren beschämt hat, uns herabsetzte, uns im Stich ließ, uns sagte, wir seien nutzlos, wertlos? Wir tragen diesen Stempel immer noch mit uns herum und denken nicht einmal darüber nach. Wir laufen einfach umher und fühlen uns ein wenig wie ein nutzloser Trottel, da sich diese Demütigungen irgendwann irgendwo festgesetzt haben, weil die Person, die das zu uns gesagt hat, jemand war, den wir so sehr respektiert haben. Nun, die violette Flamme wird das auslöschen. Doch Sie müssen auch loslassen und dürfen nicht akzeptieren, dass Sie kein Selbstwertgefühl haben. Das können Sie nicht akzeptieren, da Gott in Ihnen ist und oberste Priorität hat. Sie müssen diese Verbindung anstreben und dürfen jene negativen Dinge, die andere Ihnen zugeschoben haben, nicht mehr länger durchleben.

Zadkiel sagt, dass Freude der Motor des Lebens ist, und die violette Flamme ist sein Treibstoff. Zadkiel und die heilige Amethyst sagen außerdem: "Nehmt euch selbst nicht zu ernst." Der englische Schriftsteller G. K. Chesterton sagte einmal: "Engel können fliegen, weil sie sich selbst auf die leichte Schulter nehmen!" Sie sollten sich selbst also wirklich nicht zu ernst nehmen: In fünf Minuten werden Sie ein anderer Mensch sein, weil Sie die violette Flamme benutzt haben. Seien Sie daher nicht zu sehr auf sich selbst fixiert. Rufen Sie stattdessen das Gesetz der Vergebung an, denn Vergebung und Gnade sind die Aktivitäten der violetten Flamme. Schicken Sie die violette Flamme allen Menschen, welchen Sie jemals Unrecht angetan bzw. die Ihnen jemals Unrecht angetan haben. Tun Sie dies jeden Tag. Werfen Sie sodann alle Verletzungen und alle Sorgen in die violette Flamme. Lassen Sie los! Lassen Sie los! Lassen Sie los! Nehmen Sie nichts mehr zurück. Schauen Sie es überhaupt nicht mehr an. Überlassen Sie es einfach der violetten Flamme, und freuen Sie sich!

# Wie wir uns und andere durch Kritik, Verurteilung und Vorurteile schwer belasten

Zadkiel betont, wie wichtig es ist, frei von jeglicher Kritik, von allen Vorurteilen und aller Verurteilung gegenüber anderen zu sein. Das Unterscheidungsvermögen, das Sie in Ihrem Herzen haben, das Vermögen Geister zu unterscheiden, das Sie durch die Kraft des Heiligen Geistes besitzen, ist ein anderes Thema. Es ist jedoch eine derartig tödliche, ja, tödliche Energie, wenn man seine Mitmenschen im Geiste oder mit Worten demütigt, kritisiert oder verurteilt. Es ist zudem so grausam, äußerst grausam, dies anderen Menschen anzutun. Meist ist der Grund dafür ein mangelndes Selbstwertgefühl. Wir haben dann das Gefühl, jemand anderen erniedrigen zu müssen, um in unseren Augen an Größe zu gewinnen.

"Durch die Gefühle der Kritik, des Vorurteils und der Verurteilung irgendeines Menschen kann man dieser Seele auch nicht ein Quäntchen Freiheit verschaffen, geschweige denn seiner eigenen Seele", sagt Zadkiel. Solche Handlungen wirken bindend. Sie binden Sie. Sie binden die andere Person. Und sie binden Sie an jene Person, da Sie jedes Mal, wenn Sie solche Gedanken hegen, negatives Karma schaffen.

El Morya aber erinnert uns: "Keine noch so alte Sünde ist so gravierend, dass sie nicht durch die violette Flamme beseitigt werden könnte."

## Bittgebete an die Erzengel

Die Aufgestiegenen Meister und die Erzengel lehren uns, dass wir uns nicht auf unsere eigene kleine Welt, unser eigenes begrenztes Umfeld beschränken müssen, sondern dass der Bittruf, den wir tun, ebenso leicht einen einzigen Menschen wie auch fünf Personen oder eine halbe Milliarde Einwohner dieses Planeten betreffen kann. Was die Macht Gottes betrifft, so ist diese unendlich. Was die Aufgabe der Erzengel und der Scharen des

Lichts betrifft, so ist es deren Aufgabe, Ihrem Befehl, Ihren Gebeten, Ihren Dekreten zu gehorchen und ihnen zu antworten, sie zu erfüllen, solange das, wofür Sie bitten, mit dem Willen Gottes übereinstimmt. Solange Sie das Leben segnen, den Schutz des Lebens anrufen und um Heilung bitten, wird Gott Ihnen über seine Engel anworten – gemäß dem, was rechtmäßig ist, was dem Willen Gottes für Sie und Ihr Karma entspricht. Manchmal verlangt unser Karma, dass wir eine Weile lang leiden, wie auch Jesus eine Weile in seinem Körper gelitten hat, weil dies unsere Auferstehung fördert.

Wir sind also niemals wütend auf Gott, falls er unseren Bitten nicht nachkommt. Wir spielen nicht Gott. Wir machen die Anrufung und sind dankbar, egal wie die Antwort oder die Entscheidung ausfallen, egal welche Lektionen auch immer wir im Leben lernen müssen.

# *Die violette Flamme – die Lösung für alle Arten von Verunreinigung*

Die violette Flamme ist das "Universalreinigungsmittel" für Verunreinigung - für jegliche Art von Verschmutzung. Eine Person schreibt hierzu: "Ich dachte immer, ich selbst könne gar nichts zur Verbesserung der Welt beitragen, ich sei nur eine Einzelperson. Und doch lag mir dies sehr am Herzen. Die Wissenschaft vom gesprochenen Wort und die violette Flamme haben das Problem für mich gelöst. Nun konnte ich etwas tun - ich konnte die violette Flamme anrufen, um die Probleme dieser Welt zu verwandeln. Ich konnte nun die Umweltprobleme angehen."

Zadkiels Engel sind Meister der Kontrolle über die Naturgewalten. Sie arbeiten mit den Naturwesen, um die Erde zu reinigen. Die Naturwesen, die in der Erde arbeiten, heißen "Gnome" und arbeiten mit der physischen Erde. Dann gibt es Naturwesen, die die Wesen des Feuers sind. Sie heißen "Salamander". Sie arbeiten mit Feuer und mit atomarer Energie. Dies sind ungeheure Wesen, die sehr machtvoll sind. Es gibt zudem die "Sylphen", die mit der Luft arbeiten, sowie die "Undinen", die mit dem Wasser arbeiten. Es handelt sich dabei in der Tat um Naturgeister. Kleine Kinder im Alter zwischen ein und drei Jahren können diese am leichtesten sehen. Sie sehen die Naturgeister und auch die Engel.

Wir haben erfahren, dass die frühere Sowjetunion über 30 Jahre hinweg eine enorme Menge an radioaktiven Abfällen entlang der arktischen Küste abgelagert hat. Meeresströmungen können diese Verschmutzung bis nach Alaska und an die Nordküste Kanadas treiben. Seit 1968 sind vier sowjetische Atom-U-Boote einschließlich ihrer Kernreaktoren und Kernwaffen gesunken. Das gefährlichste ist die "Komsomolets", die im April 1989 an der Nordküste Norwegens versank. Dieses Gebiet ist ein gutes Fischfanggebiet. Doch die aus dem U-Boot austretende atomare Strahlung könnte Umweltschäden in enormen Ausmaßen anrichten. Laut einem Bericht im "Time Magazine" vom Dezember 1992 "verliert das Wrack bereits Caesium 137, ein krebserregendes Isotop. Bislang wird der Austritt der Stoffe als zu gering betrachtet, als dass er das Meeresleben oder die menschliche Gesundheit beeinträchtigen könnte. Doch das U-Boot trug auch zwei nukleare Torpedos an Bord, die 28 Pfund Plutonium mit einer Halbwertszerfallszeit von 24.000 Jahren enthalten. Die Toxizität ist so hoch, dass bereits eine winzige Menge imstande ist, einen Menschen zu töten." In dem Artikel wird außerdem berichtet, dass die Russen seit 1964 17.000 Fässer mit radioaktiven Abfällen in die umliegenden Meere geleitet haben. "Berichten zufolge haben Matrosen Löcher in einige der Fässer geschossen, da diese nicht sinken wollten."

El Morya hat uns erklärt, dass die violette Flamme diese radioaktiven, gefährlichen Elemente verwandeln kann. Wir müssen erkennen, dass wir, wenn wir einen Planeten haben möchten, der bewohnbar ist, und wir imstande sein möchten, unsere Gene in reinem Zustand zu halten und diese nicht von radioaktiven Elementen gefährden lassen möchten, die violette Flamme einsetzen müssen. Die violette Flamme ist eine Angelegenheit von "Leben und Leben", die nicht die Qualität von "Leben und Tod" in sich trägt.

Über das U-boot wurde auch in den Nachrichten berichtet. Wir haben die Berichte zu diesem

Thema aufgezeichnet: Man kann das arktische Meer sehen und erkennen, wo diese U-Boote untergegangen sind. Wenn Sie also in der glücklichen Lage sind, solche Aufzeichnungen zu besitzen und sie verwenden können, können Sie diese auf eine Leinwand werfen und als Standbild einstellen. Dabei können Sie allein sein oder sich zu zweit, zu fünft oder in großen Gruppen zusammentun. Sie können die violette Flamme und die Engel Gottes anrufen, damit diese die violette Flamme auf eben jene Elemente richten, die zerfallen, ins Meer sinken, in die Fische eindringen, in die Nahrungskette gelangen und schließlich auf unserem Esstisch auf den Tellern landen. Daher brauchen wir das Wissen um die violette Flamme und müssen dieses auch einsetzen.

Ich bin der Ansicht, dass es wichtig ist, dass sich jeder von uns mindestens 15 Minuten am Tag Zeit nimmt und die violette Flamme für sich selbst und unseren Planeten sowie für unsere Zukunft anruft. Wir sind durch die Umstände unseres Daseins dazu gezwungen - da wir auf diesem Planeten leben. Wir sind hier und stecken mitten in der Verschmutzung - doch die violette Flamme ist die Lösung.

# *Die Erzengel schreiten nur dann ein, wenn wir sie anrufen*

Erzengel Zadkiel möchte, dass Sie wissen, dass, wenn Sie das Licht der Engelsscharen der violetten Flamme anrufen, "Millionen von Engeln des siebten Strahls ... auf Ihren Ruf antworten. Wir sehen den Auf- und Niedergang, die Ebbe und Flut des Karmas der Welt täglich, wenn Hüter der Flamme weltweit die violette Flamme anrufen und damit die Auswirkungen jenes Massenkarmas abmildern."

Die Erzengel erklären uns, dass sie nicht in unsere Angelegenheiten eingreifen dürfen, bis wir den Ruf aussenden. Dies ist grundlegend für Ihr Verständnis dafür, warum wir Dekrete sprechen, warum die Engel nicht einfach kommen und uns helfen können, außer wir rufen sie an.

Weil wir uns von der Mitte des Wesens Gottes entfernt haben, haben wir uns selbst kompromittiert. Wir befinden uns derzeit in einem Zustand der menschlichen Unvollkommenheit. Gott sagte: "Ihr seid fortgegangen. Daher schenke ich euch diesen Planeten und weitere Planeten darüber hinaus, wenn ihr über die erforderliche Technik usw. verfügt. Dies ist das 'Reich der Fußbank'. Hier habt ihr freien Willen. Jedoch habt ihr diesen freien Willen innerhalb gewisser Grenzen.

Ihr habt also keinen unbegrenzten freien Willen, sondern ihr habt gewisse Einschränkungen. Wollt ihr nun, dass wir eingreifen und euer Leben verändern, müsst ihr darum bitten. Denn vor langer Zeit habt ihr Gottes Willen abgelehnt. Ihr habt beschlossen, es auf eure eigene Weise zu tun. Daher geben euch Gott und seine Engel die Freiheit, absoluten und totalen freien Willen zu genießen. Wenn ihr ein Eingreifen wünscht, müsst ihr darum bitten. Sobald ihr das tut, werdet ihr diese Fürsprache erhalten."

## Fünf Schlüssel, um Wunder zu kreieren, die die Weltsituation verändern

### *1. Vertrauen Sie auf die Erzengel*

An erster Stelle sollten Sie auf die Macht der Erzengel vertrauen – auf ihre Macht, Veränderungen zu bewirken. Lassen Sie Ihre Aura vor Vertrauen erstrahlen – Vertrauen in Gott, Vertrauen in seinen Christus, Vertrauen in das Feuer, das er in Ihr Herz gebracht hat, Vertrauen in die Engel, dass sie unseren Ruf beantworten, wenn auch nicht unbedingt so, wie wir es uns vorstellen. Doch der Ruf wird immer beantwortet.

"Lichtscharen der violetten Flamme [...] können mit allen Umständen auf dem Planeten Erde zurechtkommen. Wir sind Verstärker [...] die der physischen Oktave am nächsten sind", sagt Erzengel Zadkiel.

*2. Spezifizieren Sie Ihren Anruf*

Zweitens müssen Sie bei Ihrem Anruf spezifisch sein; dies ist sehr wichtig. "Die Welt um euch herum ist mit so vielen Ungerechtigkeiten erfüllt [...]. Achtet darauf, dass ihr eure Munition nicht nutzlos verfeuert, indem ihr in der Gegend herumfeuert, ohne wirklich ein beachtliches Resultat zu erreichen [...]. Betrachtet die Weltszene eingehend [...]. Bestimmt, welche Angelegenheiten unterstützenswert sind und lenkt eure Energie auf eben diese", sagen Zadkiel und die heilige Amethyst.

Analphabetismus ist beispielsweise eine ernste Sache, denn wenn Menschen nicht lesen können, können sie auch nichts erreichen. Sie können meist weder ihren Lebensunterhalt verdienen noch mittels Büchern einen spirituellen Pfad verfolgen oder mit Hilfe von Literatur ein erhöhtes Bewusstsein erlangen. Wählen Sie also ein oder zwei Themen aus, und arbeiten Sie dann mit Ihren Dekreten und Ihrer Meditation unablässig daran. Nehmen Sie aktiv an Gruppentreffen, Bürgerversammlungen, ja Gruppenversammlungen jeglicher Art Teil, an welchen Sie sich gern beteiligen möchten, und die ihren Kurs auf die gleiche Sache gerichtet haben, an der Sie selbst interessiert sind. Sprechen Sie dann Dekrete zur Situation. Helfen Sie all den wunderbaren Menschen, die an dieser Sache arbeiten, jedoch nichts von der Kraft und der Wissenschaft der Dekrete wissen. Schließen Sie sich zusammen, und machen Sie zu Hause Ihre Hausaufgaben, Ihre Arbeit mit der violetten Flamme, und Sie werden sehen, wie die Dinge ihren Lauf nehmen, da Sie den Beitrag leisten, der Ihnen am besten liegt – die violette Flamme anzurufen.

### *3. Schicken Sie Leuchtraketen der violetten Flamme*

Zadkiel sagt, als Antwort auf Ihre Anrufungen schicke er "Leuchtraketen der violetten Flamme". Nun, was sind "Leuchtraketen der violetten Flamme"? Es sind "spirituelle Raketen konzentrierten violetten Feuers", die mit einer solchen Intensität komprimiert wurden, dass sie die Aufzeichnungen der Übeltaten der gefallenen Engel auf dem Planeten Erde Schicht um Schicht verzehren können. Dies erfordert eine ernsthafte Selbstverpflichtung und tägliche Selbstdisziplin, so dass Sie in der Stunde der Not gerüstet sind. Sie können darum bitten, dass diese Leuchtraketen des violetten Feuers den physischen Körper der Erde durchdringen und die Menschen retten. Zadkiel sagt: "Mit Gott ist alles möglich!"

### *4. Durchtränken Sie Ihre Aura mit der violetten Flamme*

Stellen Sie sich Ihre Aura als einen Brunnen der violetten Flamme vor, so dass alle, die Ihnen begegnen, kommen und von diesem Lichtbrunnen trinken können. Halten Sie diese violette Flamme stets für einen Mitmenschen in Not bereit. Befinden Sie sich an einem Unfallort, so ist es zu spät. Sie müssen diese violette Flamme bereits gespeichert haben und gegenwärtig mit sich tragen.

Zadkiel sagt, dass, um die Prophezeiungen für diese Welt zu verändern, die violette Flamme von den Lichtreichen auf die Erde durch Sie hindurch, durch Ihre Aura und Ihre Chakren zu den Menschen gelangen muss, die sie brauchen. Dies war niemals so zutreffend wie heute. Göttliches Eingreifen muss durch die derzeit inkarnierten Heiligen in der Erde verankert werden, durch diejenigen unter uns, die heute leben und sich dieser Aufgabe widmen möchten.

Melchizedek, Jesus, Enoch, Elia, Elisa, die Meister aller Jahrhunderte, haben die Alchemie der violetten Flamme eingesetzt, um Heilungen und Wunder, Prophezeiungen und Urteilssprüche zu bewirken, die die Zeichen ihrer Ankunft waren. Die Durchtränkung ihrer Aura mit der violetten Flamme war und ist das Mittel, durch das die Avatare das Weltkarma im Gleichgewicht gehalten haben.

Das Weltkarma ist in der heutigen Zeit sehr heftig. In der Tat haben wir in dem Jahrzehnt der

90er Jahre bis ins neue Jahrtausend hinein 25.800 Jahre Weltkarma geerntet, das zurückgehalten worden war, weil Jesus Christus jenes Karma getragen hatte. Er trug die Sünden der Welt. Zu Beginn der 90er Jahre ist dieses Karma wiedergekehrt. Jesus sagt: "Der Weg liegt vor euch. Ihr habt die violette Flamme. Ihr müsst nun allmählich das Gewicht eures eigenen Karmas tragen."

Jesus nahm uns unsere Sünden nicht für immer. Er schenkte uns die Vergebung, so dass wir wieder leben, wieder inkarnieren konnten, um jenes Karma auszugleichen. Es ist eine falsche Lehre des heutigen Christentums, dass wir uns nur dazu bekennen müssen, dass Jesus unser Herr und Retter ist, um in den Himmel zu kommen. Es gibt auch in der heutigen christlichen Lehre keine These über Karma und Reinkarnation, doch die Wahrheit lautet, und das steht in der Bibel geschrieben, dass ein jeder seine Last tragen wird - die Last, die in der Bibel gemeint ist, ist die Last unseres Karmas.

Die Dinge werden also heftiger. Wir erleben mit, wie Seuchen die Erde heimsuchen. Das Leben ist schwieriger. Die wirtschaftliche Lage ist schwierig.

Der Arbeitsmarkt ist schwierig. Es scheint mehr an Anstrengung zu erfordern, irgendetwas zu tun. Es war leichter in den 80ern, viel leichter in den 70ern, in den 60ern - und die 50er waren im Vergleich dazu einfach ein zarter Windhauch. Das Leben ist also schwierig. Für alles, was wir heute tun, müssen wir wirklich hart arbeiten. Aus diesem Grund brauchen Sie die violette Flamme. Nicht aus Zufall sind Sie heute hier. (Und Sie halten nicht rein zufällig dieses Buch in Händen.) Ihr Schutzengel und die Lichtscharen des siebten Strahls haben Sie an diesen Punkt geführt, da Ihre Seele bereit ist, die violette Flamme direkt von Erzengel Zadkiel und der heiligen Amethyst zu empfangen.

Wunder sind die Geschenke von Saint Germain. Das Schwingungsmoment der violetten Flamme, das Sie in Ihrer Aura aufbauen, wenn Sie tagtäglich Dekrete sprechen, ermöglicht es Ihnen, in Notzeiten große Mengen der violetten Flamme zu magnetisieren - genau dann, wenn Sie ein Wunder brauchen. Wie oft haben Sie sich selbst oder andere schon bei den Worten ertappt: "Oh Gott, lass' ein Wunder geschehen". Nun - Sie produzieren es durch die violette Flamme in Ihrer eigenen Aura.

Vergewissern Sie sich, dass Sie genug davon haben - auch für Krisenzeiten.

### *5. Der Schlüssel zur Veränderung liegt darin, dass man den ersten Schritt tut*

Zadkiel sagt: "Das offene Tor zum Licht in der physischen Oktave seid ihr, [...] ist die Kraft des gesprochenen Wortes" beim Dekretesprechen, beim Aufzeigen von Missständen und beim Protest gegen jegliches Unrecht in Ihrer Gemeinde. Sie sind das offene Tor, durch das die violette Flamme zur Erde kommt. "Betet am Altar, zieht dann hinaus und steht für alle Bereiche ein, wo das Leben bedroht ist" oder auch gefährdet wird. "Ihr seid das offene Tor, das Sicherheit, Rettung und Seelenheil ermöglicht", nicht nur für eure Stadt, sondern auch für euren Planeten.

## Berichte vom Eingreifen der Engel

Ich möchte Ihnen ein plastisches Beispiel dafür geben, wie Engel einschreiten. In der Dezemberausgabe 1992 des *Redbook*-Magazins kann man die Geschichte einer Frau namens Eileen Freeman nachlesen, die behauptet, ein Engel hätte ihr einst das Leben gerettet.

Sie besuchte eines Tages einen Freund, der in einem gefährlichen Stadtviertel lebte. "Ich betrat gerade das Wohnhaus, in dem er wohnte", erzählte sie, "als ich eine Hand auf meiner Schulter spürte – nur war da niemand. Dann hörte ich eine Stimme, die sagte: 'Es ist nicht klug, da jetzt hineinzugehen.'" Stattdessen ging sie in die Kirche gleich gegenüber. Als sie wenige Minuten später wieder hinaustrat, war der Wohnkomplex, in dem ihr Freund wohnte, von der Polizei umstellt. Soeben war eine Frau im Aufzug ermordet worden. "Das war die Hand eines Engels", sagte sie.

Eine andere Geschichte erschien im Dezember 1992 in der Zeitschrift "Ladies Home Journal" ("Heimjournal für die Frau"). Es handelt sich um eine Geschichte, die sich 1945 zugetragen hat, als die 14-jährige Marilynn Webber auf dem Heimweg von der Schule war. An jenem Tag war sie in Gedanken versunken, nahm nichts von ihrer Umgebung wahr und war tief deprimiert. Sie hatte soeben erfahren, dass ein Lehrer, den sie bewunderte, ihr Lehrer von der Sonntagsschule, an Krebs erkrankt war und im Sterben lag.

Als sie die Gleise am Bahnhof überquerte, die nach Osten führten, hörte sie ein Donnern. Das veranlasste sie aufzublicken. Sie schaute direkt in das von Schrecken gezeichnete Gesicht des Fahrers des einfahrenden Zuges. "Spring' vom Gleis! Spring' vom Gleis!", schrie er. Doch Marilynn stand unter Schock. Sie blieb vor Angst wie angewurzelt stehen und bewegte sich nicht von der Stelle. Es durchlief sie nur ein einziger Gedanke: "Dieser Zug wird mich erfassen und in den Himmel schicken." Plötzlich erhielt sie von hinten einen Stoß und landete im Kies neben den Gleisen.

Als der Zug vorbeigefahren war, blickte sie sich nach ihrem unbekannten Helfer um. Doch niemand war zu sehen. "Mein Schutzengel hat mir das Leben gerettet!", sagt sie heute. "Dieses Erlebnis hat mein Leben verändert. Es hat mich dazu gebracht, dass ich etwas Sinnvolles machen möchte – ich möchte ein 'Erdenengel' sein."

Ich wünsche mir, dass Sie alle zu "Erdenengeln" werden, zu Engeln auf Erden, und dass Sie nicht nur für Ihr eigenes Leben und das in Ihrem engsten Umfeld, sondern auch für fremde Leben einstehen.

# Über die Autorin

Elizabeth Clare Prophet ist eine weltberühmte Autorin. Zu ihren Bestsellern zählen "Gefallene Engel und der Ursprung des Bösen", "The Lost Years of Jesus" ("Die verlorenen Jahre Jesu"), die Serie "The Lost Teachings of Jesus" ("Die verlorenen Lehren Jesu"), "Kabbalah: Key to Your Inner Power" ("Kabbala - der Schlüssel zu Ihrem inneren Potenzial"), "Reincarnation: The Missing Link in Christianity" ("Reinkarnation - Das fehlende Glied des Christentums") sowie ihre Taschenbuchratgeber zur praktischen Spiritualität, darunter: "Chakren, die 7 Energiezentren des Körpers", "Karma in der Praxis", "Alchemie des Herzens" und "Seelenpartner & Zwillingsseelen".

Elizabeth Clare Prophet ist eine Pionierin auf dem Gebiet der Erforschung von Techniken zur praktischen Spiritualität, wie etwa der kreativen Kraft des Klanges für das persönliche Wachstum und zur Verwandlung der Welt. Eine große Auswahl ihrer Bücher ist in etwa 30 Sprachen übersetzt worden und wird weltweit vertrieben.

Elizabeth Prophet hat sich 1999 zur Ruhe gesetzt und lebte von 1999 bis zu ihrem Tod 2009 in den Rocky Mountains von Montana. Die bisher unveröffentlichten Werke von Mark L. Prophet und Elizabeth Clare Prophet werden nach wie vor von Summit University Press herausgegeben.

INFORMATION: Für weitere Informationen zu Büchern, Kassetten, CDs in englischer Sprache und Seminaren zu den spirituellen Techniken dieses Buches wenden Sie sich bitte an:

Summit University Press · 63 Summit Way, Gardiner, Montana 59030
Tel.: 406-848-9500 · Fax: 406-848-9555
www.summituniversitypress.com · info@summituniversitypress.com

128 Seiten, broschiert
ISBN 978-3-89845-089-8
€ [D] 8,00

Elizabeth Clare Prophet

## Die violette Flamme

*Heilung für Körper, Geist & Seele*

Die violette Flamme ist ein Licht, das allen Lebensformen dient und ihnen Achtung und Würde verleiht. Sie ist ein Mittel, sich untereinander zu verbinden und eine Form spiritueller Energie. Sie ist das Attribut des Grafen St. Germain, dessen Botschaften Elizabeth Clare Prophet unter anderem erhält. Heiler und Alchemisten in aller Welt nutzen diese hochfrequente Energie, um Harmonie und Frieden in diese Zeit des spektakulären Übergangs in ein neues Bewusstsein zu bringen. Der Leser erhält in diesem Band das Rüstzeug, um mit der violetten Flamme zu arbeiten.

144 Seiten, broschiert
ISBN 978-3-89845-263-2
€ [D] 8,00

Elizabeth Clare Prophet

## Die Kraft deines höheren Selbst

»Die Kraft deines höheren Selbst« stellt einfache Techniken vor, die dabei behilflich sind, eine enge, gut funktionierende Beziehung zu seinem Geist zu entwickeln – sowie die Freude, den Frieden und die Stärkung zu erfahren, die das spirituelle Geburtsrecht sind.

Wer mit seinem höheren Selbst auf einer Wellenlänge ist, wird liebevoller und sensibler für die eigenen Bedürfnisse und die Bedürfnisse anderer. Man erfüllt sein Lebensziel und bringt seine größtmögliche Kreativität zum Ausdruck. Erfahre die zehn dynamischen Schritte zum spirituellen Erwachen, mit deren Hilfe du dein volles Potenzial verwirklichen kannst.

128 Seiten, broschiert
ISBN 978-3-89845-049-2
€ [D] 8,00

Elizabeth Clare Prophet

## Mit Engeln arbeiten

Dieses Buch bringt einem bei, wie man mit Engeln Freundschaft schließt, sodass diese bereit sind, uns ihre Hilfe zukommen zu lassen. Denn wir haben sie um ihre Hilfe zu bitten. Erst dann dürfen sie uns helfend zur Seite stehen. Hier werden die praktischen Schritte in einem Zehn-Punkte-Programm aufgezeigt, wie man sich mit ihnen in Verbindung setzt, sich weiterhin ihrer Hilfe vergewissert und in Zusammenarbeit mit ihnen viel Gutes für sich und andere bewirkt. Nicht nur ein Ratgeber, sondern vor allem eine praktische Anleitung, seinem Leben mit Hilfe der Engel eine höhere Qualität zu geben.

122 Seiten, broschiert,
ISBN 978-3-89845-264-9
€ [D] 8,00

Elizabeth Clare Prophet

## Seraphim

*Die Engel des Erfolges*

Rufen Sie die Engel des Erfolges an, und bitten Sie diese, Ihnen dabei zu helfen, erfolgreich zu sein und die nötige Entschlossenheit an den Tag zu legen, um ein bestimmtes Ziel zu erreichen. Wenn Sie kein spezifisches Ziel in Ihrem Leben haben, so fragen Sie: »Was ist das Besondere, wofür ich mich so richtig begeistern kann?« Dieser brennende Wunsch in Ihrem Herzen ist der Schlüssel, der es Ihnen ermöglichen wird, Ihr Lebensziel zu finden.

Dieses Buch gibt Ihnen praktische Hinweise, um Ihrer Berufung zu folgen, das Ziel fest im Auge zu behalten und auf Erfolgskurs zu bleiben ...

152 Seiten, broschiert,
ISBN 978-3-89845-250-2
€ [D] 8,00

E. C. Prophet & M. L. Prophet

## Saint Germain

*Aus der Fülle schöpfen*

Fülle ist mehr als nur Geld. Fülle bezeichnet den Energiefluss, der sowohl als spiritueller als auch als materieller Reichtum aus der kosmischen Quelle zu uns herabströmt. Fülle bedeutet Liebe und Weisheit, Talente und Fähigkeiten, Geld und materielle Besitztümer – all das, was wir benötigen, um unsere Lebensaufgabe zu erfüllen. Die Möglichkeiten, aus der Fülle zu schöpfen, sind unbegrenzt, und anhand der Anleitungen eines der größten Meister, St. Germain, und der einfachen, detailliert beschriebenen Techniken ist es auch Ihnen möglich, aus Ihrer persönlichen Alchemie der Fülle zu schöpfen ...

208 Seiten, mit abgerundeten Ecken, broschiert
ISBN 978-3-89845-593-0
€ [D] 11,00

Elizabeth Clare Prophet & Patricia R. Spadaro

## Alchemie des Herzens

*Wertvolle Einsichten für das Leben*

Erhalten Sie Zugang zum wertvollsten Bestandteil unseres Wesens, dem Herzen, und erfahren Sie, dass Liebe Kraft spendet und zugleich ein starkes, dynamisches und praktisches Mittel spirituellen Erwachens ist.
Sie lernen, wie ein reifes Herz versteckte Blockaden überwinden kann, wie Sie Ihr Herz besänftigen und stärken können und wie Sie auch von den schmerzvollsten Erfahrungen des Herzens lernen können. Ein Buch, das zeigt, wie man die Macht der Liebe ganz praktisch in jeden Augenblick seines Alltags integrieren kann.